EDITORA JBC
Diretor-presidente
Masakazu Shoji
Vice-presidente Brasil
Luzia Tsuki Shoji
Diretor Executivo
Júlio Moreno

REDAÇÃO
Direção editorial
Jhony Arai
Direção de Arte
Ana Lucas
Preparação de texto
Andressa Christofoletti Viviani
Diagramação
Fernando Nogueira
Revisão de Textos
Ana Lúcia dos Anjos
Produção Editorial
Eliana Aragão Francisco

COMUNICAÇÃO
Direção de Comunicação
Marina Shoji
Marketing
Ricardo Wendel
Assistente de Marketing
Edi Carlos Rodrigues
Relações Públicas
Elisa Polonio
Comercial
Eduardo Soares

© 2002, Editora JBC

As melhores receitas da Culinária Japonesa é uma publicação da Editora JBC - ISBN 978-85-87679-09-3.
Todos os direitos reservados.

Editora JBC
R. Loefgreen, 1291 - 7º andar Vila Mariana - 04040-031, São Paulo, SP.
Tel. (11) 5575-6286
Fax. (11) 5549-0319
e-mail: jbc@editorajbc.com.br

www.editorajbc.com.br

É expressamente proibida a reprodução desta obra ou de qualquer de sua partes sem autorização por escrito desta editora, que têm todos os direitos da edição.

Agradecimentos

CONSULTORIA:
Sushiguen Restaurante
Chef: **Setsuko Shimizu**
Sushimen: **Mitsuaki** (à dir.) e **Hideto Shimizu** (à esq.)

RECEITAS CEDIDAS POR:
- **Hugo Kawauchi** e chef **Armando Hata**
- sushimen **Euzio Abe** e **Oduvaldo Tihiro Hayashi**
- sushiman **Sérgio Fujita**
- chef **Giancarlo Bolla**
- chef **Yukitoshi Saruwatari**
- chef **Kendi Suguimoto**,
- Restaurantes Roppongi, Noyoi e Akassaka

Dados Internacionais de Catalogação na Publicação (CIP)
(Câmara Brasileira do Livro, SP, Brasil)

As Melhores receitas da culinária japonesa. — São Paulo : Editora JBC, 2007.

1a reimpr. da 1. ed. de 2002.
ISBN 978-85-87679-09-3

1. Culinária japonesa.

07-1885   CDD-641.50952

Índices para catálogo sistemático:
1. Japão : Culinária : Economia doméstica 641.50952

ÍNDICE

UTENSÍLIOS 2
PRODUTOS 4

SUSHI 8
Arroz 10
Niguirizushi 12
Futomaki 14
Hosomaki 16
Anagô 18
Gunkanmaki 20
Temaki 22
Uramaki 24
Salmon Skin 26
Salmon Roll 28

SASHIMI 30
Salmão e atum 32
Ikezukuri 34

ENTRADAS 36
Missoshiru 38
Ozooni 39
Aguedashi 40
Sunomono 41
Guioza 42

PRATOS PRINCIPAIS 44
Tempurá 46
Yakisoba 48
Sukiyaki 50
Zarusoba 52
Teppanyaki 54
Ostras gratinadas 56

SOBREMESAS 58
Frushi 60
Anmitsu 62
Tempurá de sorvete 64

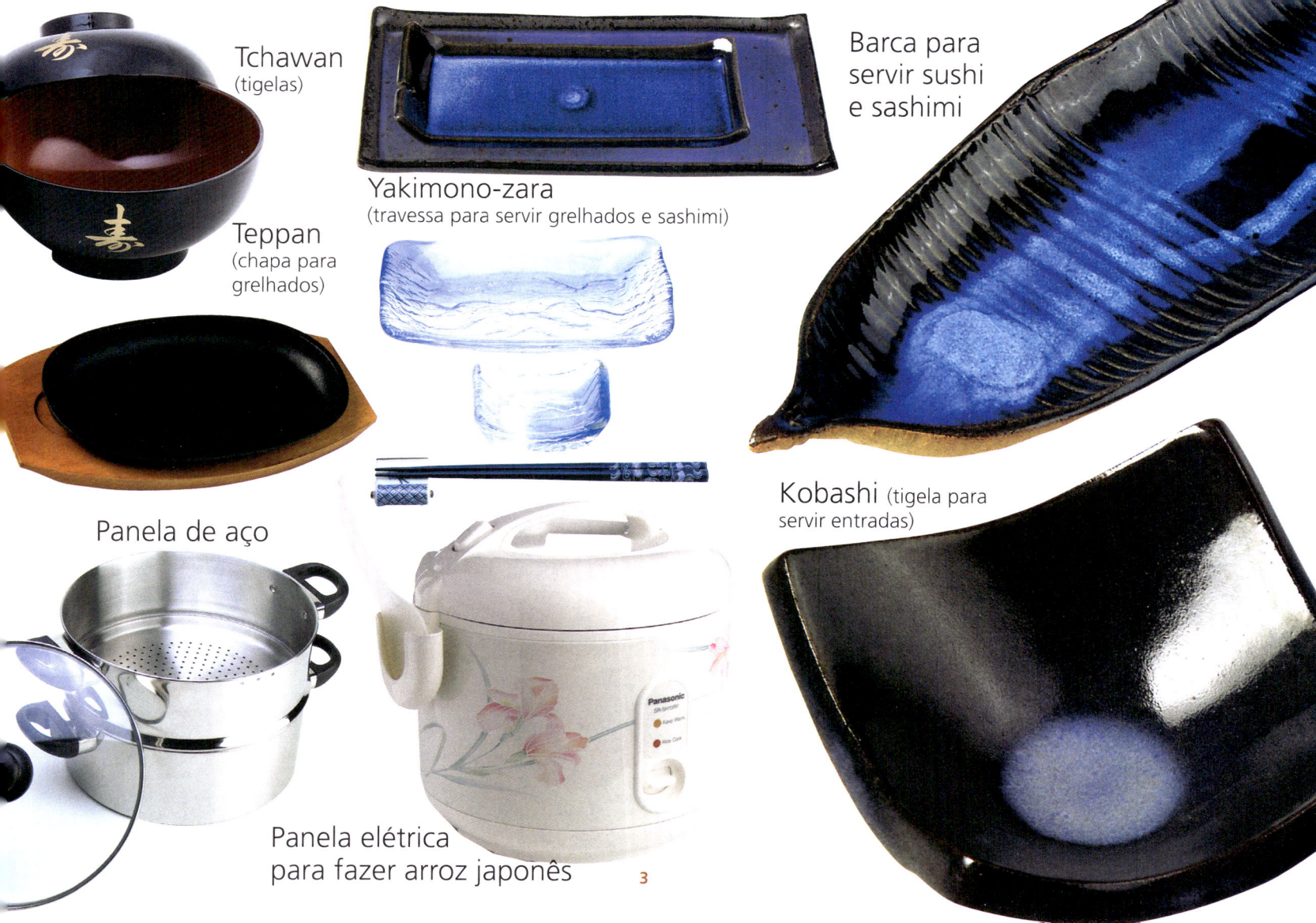

PRODUTOS

Nori (alga marinha)

Wakame (alga seca)

Somen (macarrão)

Saquê

Missô (pasta de soja)

Vinagre de arroz

Saquê-Mirin (tempero)

Wasabi (raiz-forte)

Massa de tempurá

Aji-sal e Aji-no-moto (temperos)

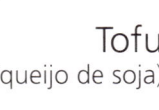

Tofu (queijo de soja)

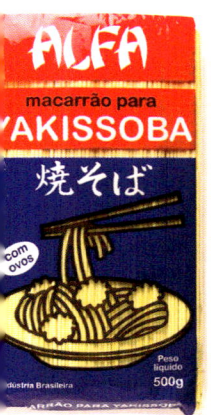   

Macarrão de yakisoba

Okaka (flocos de peixe)

Shoyu (molho de soja)

 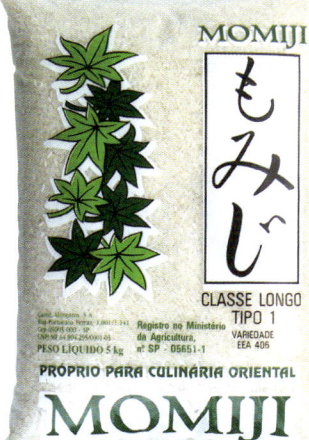    

Kome (arroz japonês)

Azuki (feijão japonês)

Gergelim torrado

Hondashi (tempero)

Kanten (gelatina de alga)

SUSHI

Fatias de peixe sobre o arroz.

Como dois ingredientes tão despretensiosos se tornaram a alma da gastronomia japonesa?

Por trás dessa simplicidade estão mais de 400 anos de história.

No início, era apenas uma maneira de conservar o alimento. Pura sobrevivência!

Atualmente, o preparo do sushi está cercado de curiosos rituais,

e os sushimen mais tarimbados são tratados como celebridades.

Curiosamente, as mulheres são proibidas de prepará-lo. O motivo?

A temperatura quente de suas mãos alteraria o sabor do peixe.

Os artistas da cozinha criam os bolinhos de arroz no tamanho exato para caber na boca.

A nós resta devorá-los com delicadeza, paciência e muito prazer.

ARROZ
O principal ingrediente de um bom sushi

BOLINHO DE ARROZ

• Umedeça as mãos e pegue uma porção com a mão direita. Ela deve estar alinhada entre a primeira e a segunda dobra dos dedos ao fazer o formato de uma concha com as mãos (o volume de arroz é equivalente ao do dedo polegar).

• Com a própria mão direita, aperte levemente a porção de arroz, de maneira a moldar o bolinho. Nesse primeiro instante, ele terá o formato ovalado. Umas três amassadas são suficientes.

• Segure o filé de peixe posicionando-o entre a primeira e a segunda dobra dos dedos da mão esquerda.

• Com a sua mão direita, coloque o bolinho sobre o filé. Aperte levemente o bolinho contra o filé, com a sua mão direita.

• Molde os lados usando somente os dedos indicador e polegar da mão direita respectivamente. Tudo isso deve ser feito sobre a mão esquerda.

INGREDIENTES
• arroz japonês para sushi
• água
• vinagre para tempero

MODO DE PREPARO
• Lave bem o arroz, retirando todas as impurezas. Escorra a água.
• Coloque na panela o arroz e a água e deixe em fogo alto, até o momento em que o nível da água fique abaixo do nível do arroz. Depois passe para fogo médio durante 5 min. Quando a água estiver secando, deixe o arroz em fogo mínimo durante 25 min.
• Desligue o fogo e coloque o arroz na tina de madeira (hangiri), temperando com o vinagre. Use uma medida do tempero de vinagre para cada duas de arroz cru. Misture o arroz com a espátula (chamoji), fazendo um movimento como se estivesse cortando o arroz. Mexa rapidamente para que o arroz absorva o tempero. Ligue o ventilador para secá-lo.

TEMPERO DO VINAGRE
• 1 litro de vinagre de álcool
• 1,6 kg de açúcar
• 200 ml de água
• 1 colher medida de extrato de kombu (kombucha gyokuroen)
Misture os ingredientes numa panela e coloque no fogo. Retire assim que levantar fervura. Acrescente o extrato de kombu. Espere esfriar para utilizá-lo.

NIGUIRIZUSHI

DICA
Para manusear o arroz, as mãos devem estar sempre umedecidas, para que os grãos não grudem e atrapalhem o trabalho

INGREDIENTES
(para 10 unidades)
- 150 g de filé de salmão
- 200 g de arroz para sushi
- acompanhamentos: wasabi, gengibre e shoyu

MODO DE PREPARO
- Corte o filé de salmão em fatias de cerca de 4 mm de espessura, 6 cm de comprimento e 3 cm de largura. O corte deve ser feito na diagonal, da direita para a esquerda, com a faca inclinada entre 30 e 45 graus.
- Segure o filé na mão esquerda e passe um pouco de wasabi nele.
- Faça um bolinho de arroz e coloque sobre o peixe. Aperte um pouco para fixar.
- Vire e aperte novamente.
- Sirva o niguirizushi com shoyu, wasabi e gengibre.

FUTOMAKI

INGREDIENTES
- 1 folha de nori
- 1 1/2 xícara de arroz para sushi

Para o recheio
- 1 tira de cenoura
- 1 tira de kampyo (cabaça)
- 2 vagens • 1 tira de gobo
- 1 tira de horenso (espinafre japonês) • soboro (pó de filé de peixe) a gosto
- ovo batido e temperado

Para o ovo
- 1 ovo • 1/2 colher (sopa) de de açúcar • 1 pitada de sal
- 1 colher (chá) de saquê seco
- 1 pitada de aji-no-moto
- 1 pitada de hondashi

Molho do kampyo
- 1 copo (americano) de água
- 1/3 de copo (americano) de shoyu
- 3 colheres (sopa) de açúcar
- 2 colheres (sopa) de saquê seco • 1 colher (café) de hondashi

Molho para os legumes
- 2 copos (americano) de água
- 1/3 de copo (americano) de shoyu • 3 colheres (sopa) de açúcar • 2 colheres (sopa) de saquê seco • 1 colher (café) de hondashi

MODO DE PREPARO DOS RECHEIOS

Horenso (espinafre japonês)
- Escalde na água e reserve.

Ovo
- Bata o ovo com os ingredientes e frite. Para colocar no futomaki, deixe o ovo cortado em tiras finas. Reserve.

Legumes
- Ferva o gobo, a cenoura e a vagem. Tire a água e adicione mais dois copos de água com o shoyu, saquê, açúcar e hondashi. Deixe cozinhar até que os legumes amoleçam.

Kampyo
- Deixe o kampyo de molho na água para hidratar por cerca de 15 minutos. Troque a água e ferva o kampyo para tirar o gosto amargo. Jogue a água fora. Coloque um copo de água fria e os demais ingredientes. Cozinhe em fogo médio até levantar fervura.

MONTAGEM
- Pegue uma folha de nori e coloque sobre a esteira.
- Coloque cerca de uma xícara e meia de arroz. Espalhe bem deixando 1 cm de espessura da borda livre para fechar o futomaki.
- Coloque todos os recheios sobre o arroz.
- Passe um pouco de água na borda do nori que ficou sem arroz.
- Enrole o futomaki fazendo uma ligeira pressão para que fique firme.
- Faça o acabamento das laterais. Corte em oito pedaços e sirva.

HOSOMAKI

INGREDIENTES
- 80 g de arroz (para um hosomaki com seis pedaços)
- wasabi
- 1/2 folha de nori
- 1 folha de shiso
- 1 filé de salmão

MODO DE PREPARO
- Pique o salmão bem fininho juntamente com shiso ou cebolinha. Reserve.
- Coloque meia folha de nori sobre a esteira de bambu (makisu).
- Espalhe uma fina camada de arroz (cerca de 1/2 centímetro de altura). Faça uma leve pressão para que o arroz grude bem na alga. Deixe as extremidades da folha da alga (cerca de 2 cm) sem arroz.
- No centro da folha de nori passe uma camada (de 1 cm de largura) de wasabi. Sobre o wasabi coloque o salmão picado.
- Enrole o nori com a esteira. O segredo é colar a margem inferior no limite do arroz do lado superior.
- Pegue uma faca afiada e corte o rolo ao meio. Em seguida, corte cada um dos pedaços em três partes iguais.

ANAGO

INGREDIENTES
(para 10 unidades)
- 1 filé de toro (parte da barriga do atum branco)
- 1 concha de shoyu
- 1 concha de saquê-mirin
- 200 g de arroz para sushi
- molho tare

MODO DE PREPARO
- Misture o shoyu e o saquê. Mergulhe o filé de toro no molho por 30 min.
- Asse o filé dos dois lados até dourar. Deixe o filé em banho-maria por 30 min. para completar o cozimento.
- Corte o filé em várias fatias com 0,5 cm de espessura. O corte deve ser feito perpendicularmente.
- Coloque as fatias de peixe no oshibako (fôrma).
- Adicione meia camada de arroz.
- Polvilhe com gergelim torrado e depois complete com arroz.
- Coloque a tampa da fôrma e aperte-a levemente para pressionar o arroz. Deixe por 10 min.
- Tire o sushi da fôrma, com o peixe virado para cima.
- Corte-o ao meio na vertical. Depois, faça mais seis cortes na horizontal (12 pedaços).

Dica
Para facilitar a retirada do arroz, passe uma faca na tampa e no fundo da fôrma

Molho
INGREDIENTES
- 1 espinha de peixe branco (linguado, pargo, robalo)
- 1 litro de shoyu
- 2 kg de açúcar

MODO DE PREPARO
- Asse a espinha de um peixe branco.
- Cozinhe a espinha para tirar o caldo.
- Coe o caldo em outra panela e acrescente shoyu e açúcar a gosto. Deixe no fogo até ferver.
- Depois, mantenha em fogo baixo e acrescente mais shoyu e açúcar a gosto. O ideal é que o molho fique na mesma consistência do mel.
- Coe o molho novamente.
- Despeje-o sobre o sushi.

GUNKANMAKI

ÁGUA-VIVA

INGREDIENTES
(para 10 unidades)
- 200 g de arroz para sushi
- água-viva
- sementes de shiso
- 1 folha de nori
- wasabi

MODO DE PREPARO
- Faça o bolinho de sushi.
- Corte o nori ao meio. Retire um pedaço de 2 cm de largura. Depois corte em quatro tiras iguais (no sentido da altura). Enrole o bolinho de arroz na alga. Passe o wasabi no arroz.
- Tempere a água-viva com pedaços de shiso. Depois coloque a porção temperada (um pedaço de 2 cm ou dois pedaços de 1 cm) sobre o wasabi.

MASSAGO

INGREDIENTES
- 200 g de arroz para sushi
- massago (kapelin)
- 1 folha de nori
- wasabi

MODO DE FAZER
- Repita os dois primeiros passos da operação anterior.
- Depois adicione uma colher (chá) cheia de massago sobre o wasabi.

TEMAKI

INGREDIENTES

Temaki de Salmão
- 180 g de arroz
- 1/2 folha de nori
- 200 g de salmão amassado
- cebolinha e sal a gosto
- acompanhamento: shoyu

Temaki de Kani-kama
- 180 g de arroz
- 1/2 folha de nori
- 1 kani-kama fatiado
- 20 fatias finas de pepino japonês
- gergelim a gosto
- acompanhamento: shoyu

Temaki califórnia
- 180 g de arroz
- 1/2 folha de nori
- 1 kani-kama fatiado
- 20 fatias finas de pepino
- gergelim a gosto
- 2 fatias de manga
- acompanhamento: shoyu

MODO DE PREPARO

Temaki de salmão
- Separe os ingredientes (exceto a folha de nori) para facilitar o preparo.
- Fatie o salmão e bata levemente com a parte oposta da faca.
- Pique a cebolinha e adicione ao salmão.
- Separe a folha de nori e dobre-a ao meio, ficando com uma metade. Use a parte fosca da alga para receber o recheio.
- Segure a alga no sentido do comprimento da mão. Coloque o arroz no meio da alga e separe-o um pouco.
- Coloque os recheios específicos para cada temaki, sempre na diagonal.
- Para enrolar, pegue a ponta da alga que estiver à direita de sua mão e coloque-a para dentro.
- A outra ponta deve fechar o temaki para fora.
- Adicione shoyu e sirva o temaki assim que estiver pronto, para não perder a consistência do nori.

Temaki de kani-kama
- Repita o primeiro passo do temaki de salmão.
- Amasse o kani-kama apenas para separar as tiras.
- Corte o pepino ao meio, tire 20 fatias e adicione gergelim.
- Repita os últimos quatro passos do temaki de salmão.

Temaki califórnia
- Repita os mesmos passos do temaki de kani-kama. Apenas na hora de colocar o recheio, corte duas fatias de manga e adicione gergelim.

URAMAKI

INGREDIENTES
(porção para 1 pessoa)
- 2 camarões de água salgada médios
- 130 g de arroz para sushi cozido
- 1/2 folha de nori
- 1 folha de alface
- 5 g de gergelim
- 50 g de farinha de trigo
- 50 g de ovas massago

MODO DE PREPARO

- Passe os camarões na massa de farinha de trigo e água. Uma dica é colocar um cubo de gelo na água para que a massa fique crocante.
- Frite os camarões em óleo quente até o tempurá ficar bem dourado.
- Sobre a esteira (makisu), coloque o nori, o arroz e polvilhe o gergelim.
- Coloque as ovas massago sobre o arroz com gergelim, espalhando-as.
- Pegue as bordas do nori e vire no sentido contrário e as decore com alface.
- Coloque o camarão e enrole na esteira.
- Depois de fechada, aperte bem a esteira.
- Corte o uramaki ebiten em oito pedaços e sirva com wasabi e pepino em conserva.

SALMON SKIN

INGREDIENTES
- pele de um salmão
- arroz para sushi (20 g para cada bolinho)
- pimenta-do-reino a gosto
- 1 colher (sobremesa) de cebolinha
- 1 colher (chá) de maionese
- molho tare
- wasabi
- gergelim torrado misto
- 1 fatia de limão
- tiras de nori de 1 cm

MODO DE PREPARO
- Retire as escamas do salmão. Com uma faca de sashimi bem afiada, corte a pele do peixe juntamente com os 2 mm de carne. A pele não pode ser muito fininha porque, ao fritar, fica quebradiça, como uma batata chips.
- Tempere a pele de peixe dos dois lados com sal e pimenta-do-reino.
- Esquente bem uma frigideira untada com um pouco de óleo. Ela deve estar bem quente para que a pele não grude.
- Retire a frigideira do fogo e coloque a pele com a carne voltada para baixo.
- Coloque a frigideira em fogo baixo. A pele deve ficar na frigideira até dourar bem. Por cerca de 3 min. Durante esse tempo, vire a pele umas duas vezes. Retire e coloque a pele num papel toalha para absorver o excesso de gordura.
- Corte a pele em pedaços de 2 cm de largura.
- Molde o bolinho de arroz.
- Sobre ele coloque uma pitada de wasabi.
- Sobre o wasabi, adicione um pedaço de pele. Em seguida, cubra com a tira de nori.
- Corte uma fatia de limão muito fina, quase transparente, e coloque-a sobre a pele. Uma outra opção é raspar a casca de limão e com o suco fazer uma massinha para colocar no lugar da fatia.
- Regue o limão com molho tare. Depois adicione a maionese.
- Por último, salpique o gergelim moído.

SALMON ROLL

INGREDIENTES
(porção para 1 pessoa)
- 160 g de arroz
- 40 g de salmão
- 1 folha de nori
- 1 kani-kama
- catupiri
- cebolinha
- óleo
- esteira
- molho barbecue

Massa de tempurá
- 2 medidas de farinha importada especial.

A farinha apropriada para tempurá pode ser substituída por farinha de trigo, água o suficiente para dar consistência à massa e um ovo. Mas o resultado não é tão eficiente.

MODO DE PREPARO
- Fatie o salmão fino no sentido longitudinal.
- Coloque as fatias sobre a folha de nori, que já deve estar sobre a esteira. As fatias de salmão grudam naturalmente na alga por causa da umidade.
- Vire a folha de nori ao contrário.
- Desse lado, coloque o arroz, espalhe e pressione sobre a superfície da alga na espessura de 2 mm. Deixe 1,5 cm livre, na frente da alga, para ter espaço para dobrar.
- Coloque um fio grosso de catupiri sobre o arroz e sobre o catupiri mais dois filetes de salmão e um filete de kani.
- Com a ajuda da esteira, enrole a alga. O espaço reservado na frente servirá para juntar a alga com o arroz e assim finalizar o rolo.
- Polvilhe o rolo com a cebolinha picada. Em seguida, mergulhe na massa para tempurá.
- Coloque o rolo para fritar numa frigideira com óleo bem quente (170/175 graus). Nessa operação, pode ser utilizada uma escumadeira.
- Três minutos são suficientes para fritá-lo. Enquanto o rolo cozinha, o catupiri derrete e fica bem quentinho e gostoso.
- Para retirá-lo da frigideira, você deve tomar os mesmos cuidados. Se não estiver habituada a manusear os hashis, use uma escumadeira ou um utensílio que lhe dê segurança.
- Em seguida, corte as duas pontas do rolo em seis partes, sempre começando pelo meio.

SASHIMI

Peixe fatiado.

No preparo do sashimi, a faca afiadíssima desliza com vigor,

mas sem perder a suavidade, sobre a textura macia da carne crua.

Os melhores mestres encaram cada corte com a serenidade

de quem está preparado para enfrentar um jogo de vida ou morte.

Sem exagero, cada fatia

pode ser comparada ao resultado da meditação de um mestre zen

ou à violência calculada da espada de um samurai.

SASHIMI

Dica
Há dois segredos para preparar um bom sashimi. Primeiro: quanto mais fresco for o peixe, melhor. Segundo: o corte do filé deve ser feito sempre da esquerda para a direita, com a faca na diagonal. Para um corte preciso, a faca deve estar bem afiada

INGREDIENTES
(porção para 2 pessoas)
- 1 kg de peixe em filé a escolha: salmão, namorado ou atum
- 1/2 nabo
- alface, pepino e cebolinha para decorar
- wasabi, shoyu e gengibre para acompanhar o prato

MODO DE PREPARO
- Descasque e rale o nabo em tiras bem fininhas
- Passe-o na água e deixe escorrer. Reserve.
- Corte o peixe no sentido da esquerda para a direita com a faca na diagonal e uma inclinação de cerca de 60 graus.
- Prepare o prato colocando primeiro o nabo ralado.
- Coloque as fatias de peixe e decore como quiser.
- Sirva o sashimi com wasabi. Shoyu e gengibre devem ser servidos separadamente.

IKEZUKURI

INGREDIENTES
(porção para 1 pessoa)
- 1 peixe San Pierre
- 1/2 nabo
- 1 beterraba
- 1/4 de cenoura
- 1 xícara de saquê
- sal a gosto
- gelo

Para temperar
- wasabi
- shoyu

MODO DE PREPARO
- Descasque 1/4 do nabo, corte-o em tiras largas (cerca de 1 cm) e reserve.
- Descasque o restante e fatie-o em tiras bem fininhas. Mergulhe-as num recipiente com gelo e água por aproximadamente 10 min.
- A beterraba, cortada em tiras, deve ser misturada aos fios mais grossos de nabo. Isso garante o colorido do prato. Reserve.
- Corte a cenoura em tiras finas e descasque o pepino. Adicione a esses ingredientes os outros legumes fatiados e comece a enfeitar o prato, tomando o cuidado de adicionar, antes, um pouco de gelo picado no centro do recipiente.
- Misture num outro recipiente o gelo, o sal e o saquê.
- Comece a fatiar o peixe tirando um filé grosso de cada um dos lados, tomando o cuidado de não esbarrar a faca na região próxima à espinha.
- Mergulhe os dois filés na mistura de saquê, gelo e sal.
- Disponha o restante do peixe no recipiente decorado com os legumes em tiras.
- Corte os filés em fatias bem finas para fazer o sashimi.
- Coloque o nabo que estava mergulhado na água sobre o peixe e adicione por cima o sashimi.
- Sirva acompanhado de shoyu e wasabi.

Dica
O ikezukuri é o sashimi de peixe vivo. Para que ele não fique se debatendo, retire o filé sem tocar na região da espinha

ENTRADAS

No Japão, não há entradas.

Na cozinha do dia-a-dia,

cada prato é parte integrante da refeição como um todo.

Não há divisões do que se come em primeiro ou segundo lugar.

Apenas nos banquetes mais luxuosos,

que chegam a reunir 20 pratos, as entradas são obrigatórias.

No Brasil, os restaurantes japoneses adaptaram as receitas

aos padrões ocidentais. Foi convencionado que os pratos pequenos,

de rápido consumo, seriam as entradas.

E assim ficou!

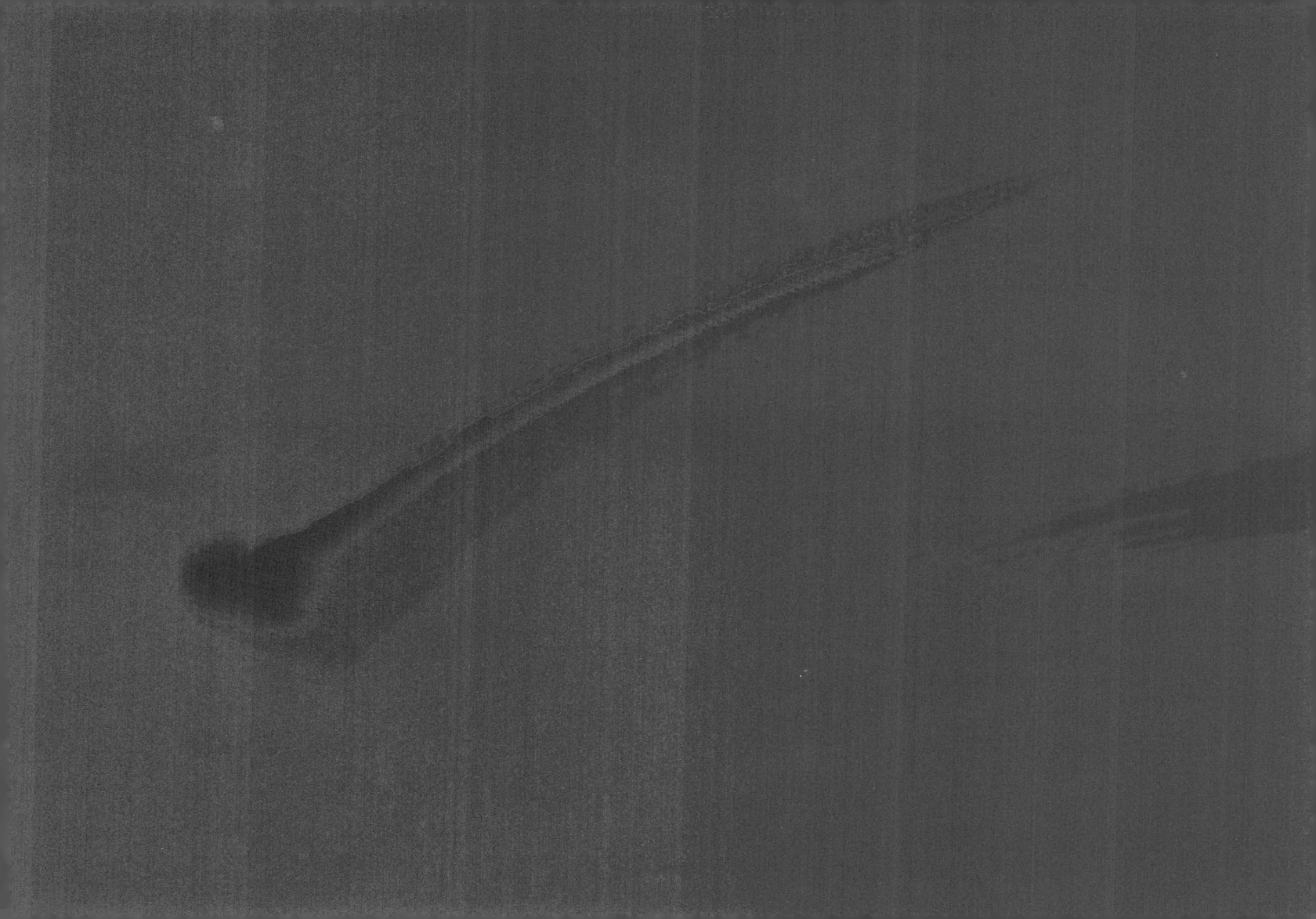

MISSOSHIRU

INGREDIENTES
(para 4 porções)
- 1 litro de água
- 2 colheres (sopa) de missô
- 1 pitada de hondashi
- aji-no-moto
- 1 pitada de sal
- 100 g de tofu cortado em cubos
- cebolinha a gosto

MODO DE PREPARO
- Coloque água, missô, hondashi, aji-no-moto e sal numa panela e deixe ferver. Retire do fogo.
- Coloque o tofu e a cebolinha nos tchawan e despeje o caldo por cima. Sirva quente.

OZOONI

INGREDIENTES
(para 4 porções)
- 1 tira de kombu (alga)
- 4 fatias finas de nabo
- 100 g de frango (sobrecoxa)
- 4 shiitakes médios
- 4 fatias médias de naruto-maki (massa de peixe)
- 4 mochi
- horenso (espinafre japonês) e cebolinha cortada em tiras finas

Caldo
- 1 litro de água
- 1 colher (chá) de hondashi
- 2 colheres (chá) de saquê
- 2 colheres (chá) de saquê-mirin
- 1 colher (chá) de shoyu light

MODO DE PREPARO
- Cozinhe as fatias de nabo até que amoleçam um pouco e reserve.
- Em outra panela, aqueça, em fogo baixo, a água com o kombu.
- Depois, acrescente o hondashi, o saquê, o saquê-mirin e o shoyu.
- Antes de adicionar o frango, cozinhe-o por 1 a 2 min. para tirar a gordura.
- Acrescente o nabo que estava reservado, o shiitake e o narutomaki.
- Vá retirando a espuma que se forma para que não altere o sabor.
- Molhe o mochi em água quente. Em seguida, acrescente-o ao caldo.
- Quando montar o prato, inclua o horenso e a cebolinha.

AGUEDASHI

INGREDIENTES
(porção para 1 pessoa)
- 200 g de tofu
- farinha de trigo
- cebolinha
- gengibre ralado
- okaka (flocos de peixe)

MODO DE PREPARO
- Corte o tofu em cubos.
- Passe-o na farinha e frite em óleo quente.
- Coloque em um prato e jogue por cima a cebolinha, o gengibre e a okaka.

Molho
- 1/2 pacote de okaka
- 1 pedaço pequeno de kombu
- 1 copo (americano) de água
- 3 colheres (sopa) de shoyu
- 2 colheres (sopa) de saquê
- Cozinhe a okaka e o kombu na água por cerca de 10 min.
- Adicione o restante dos ingredientes. Se precisar, coloque um pouco de sal.
- Sirva o molho ao lado do tofu (não jogue por cima).

SUNOMONO

INGREDIENTES
(porção individual)
- 1/2 nabo
- 1 cenoura
- 1 pepino (japonês)
- macarrão harusame
- vinagre
- açúcar
- sal
- algas (tipo kaisou salad)

MODO DE PREPARO
• Corte o pepino em fatias bem finas em um recipiente. Adicione uma colher (sopa) de sal. Misture até o pepino amolecer. Deixe descansar por 5 min. Faça o mesmo com o nabo e a cenoura.
• Cozinhe o macarrão por 2 min. Ao tirá-lo da água quente, esfrie em um recipiente com água fria.
• Coloque as algas em um outro recipiente com água. Deixe descansar por 10 min.
• Misture 50 ml de vinagre ao açúcar (duas porções de açúcar para uma de vinagre) até obter uma mistura homogênea.
• Lave o nabo, o pepino e a cenoura até tirar todo o sal. Esprema todos os ingredientes para tirar o excesso de água.
• Misture-os no vinagre já adoçado.
Está pronto para ser montado em uma cerâmica.

GUIOZA

INGREDIENTES
(para 20 unidades)
- 1 pacote de massa pronta para guioza
- 1 maço pequeno de nira (folhas de alho)
- 100 g de carne moída
- 1/4 de repolho picado
- sal e pimenta a gosto
- 4 colheres (sopa) de óleo para fritar o guioza

Molho ponzu
- 2 colheres (sopa) de shoyu
- 2 colheres (sopa) de suco de limão
- pimenta e alho amassado a gosto
- 1 colher (chá) de óleo de gergelim
- 1 colher (sopa) de saquê seco
- 1 pitada de aji-no-moto e hondashi

Misture todos os ingredientes e reserve.

MODO DE PREPARO
- Pique o nira e o repolho em tiras bem fininhas. Coloque um pouco de sal e deixe descansar por 15 minutos.
- Depois esprema a mistura com as mãos para tirar o excesso de água. Adicione a carne moída crua ao repolho e ao nira.
- Recheie com uma colher (chá) do recheio cada "folha" de guioza. Feche a massa com o auxílio de água para grudar as bordas.
- Coloque o guioza numa panela própria para banho-maria e deixe cozinhar de 5 a 8 min.
- Frite o guioza em óleo bem quente, até dourar.
- Sirva-os com o molho ponzu, separadamente.

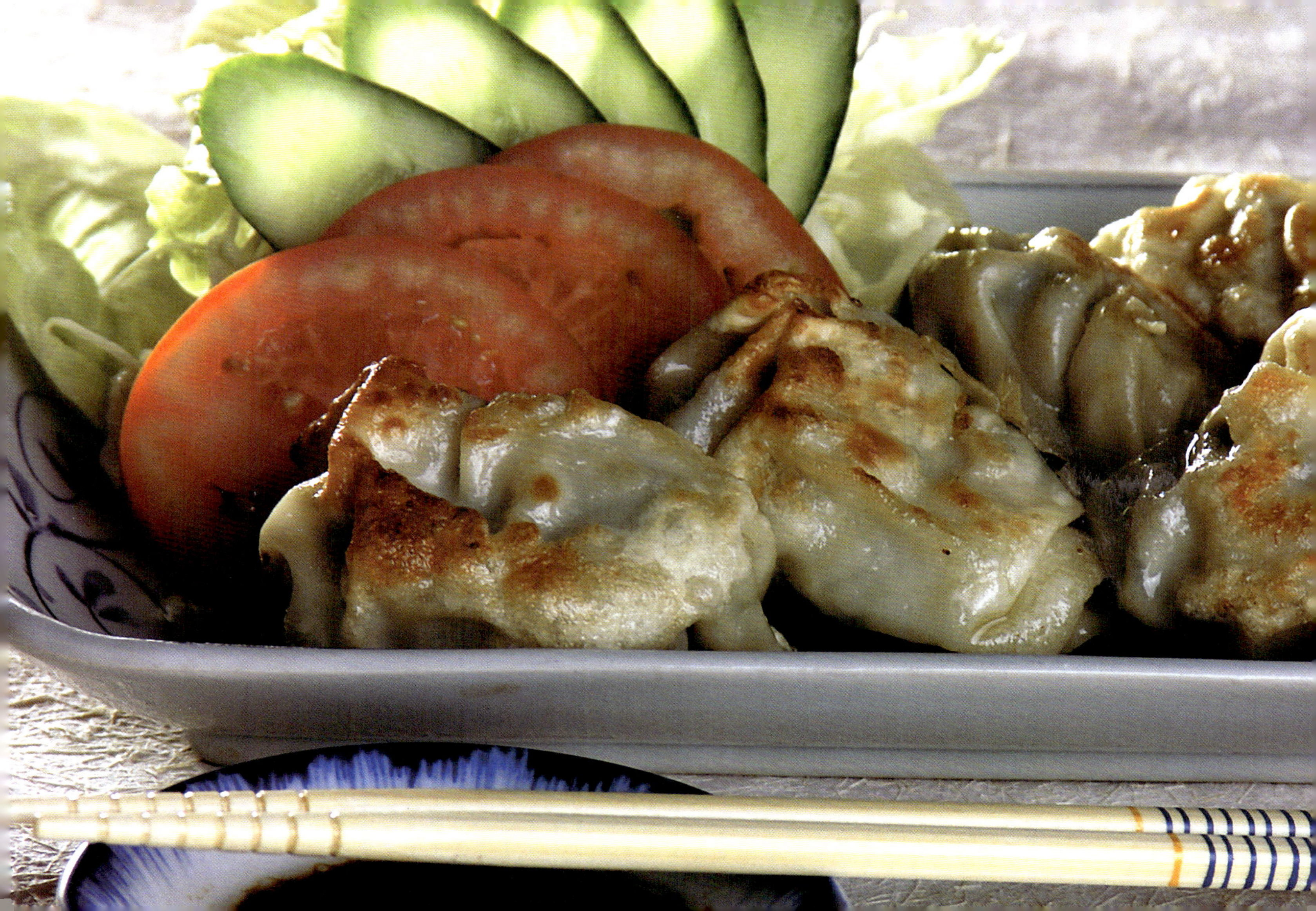

PRATOS PRINCIPAIS

Coma com os olhos.

O velho ditado ensina que, antes de abusar do paladar, é preciso

exercitar os outros sentidos.

Por isso, os japoneses consideram a apresentação do prato tão fundamental.

Eles precisam ter cores vivas, intensas e distribuídas harmoniosamente.

Além do apelo visual, a cozinha nipônica prima pela leveza dos ingredientes,

sem extravagâncias no tempero.

Não é à toa que sua culinária

é o segredo da longevidade de seu povo.

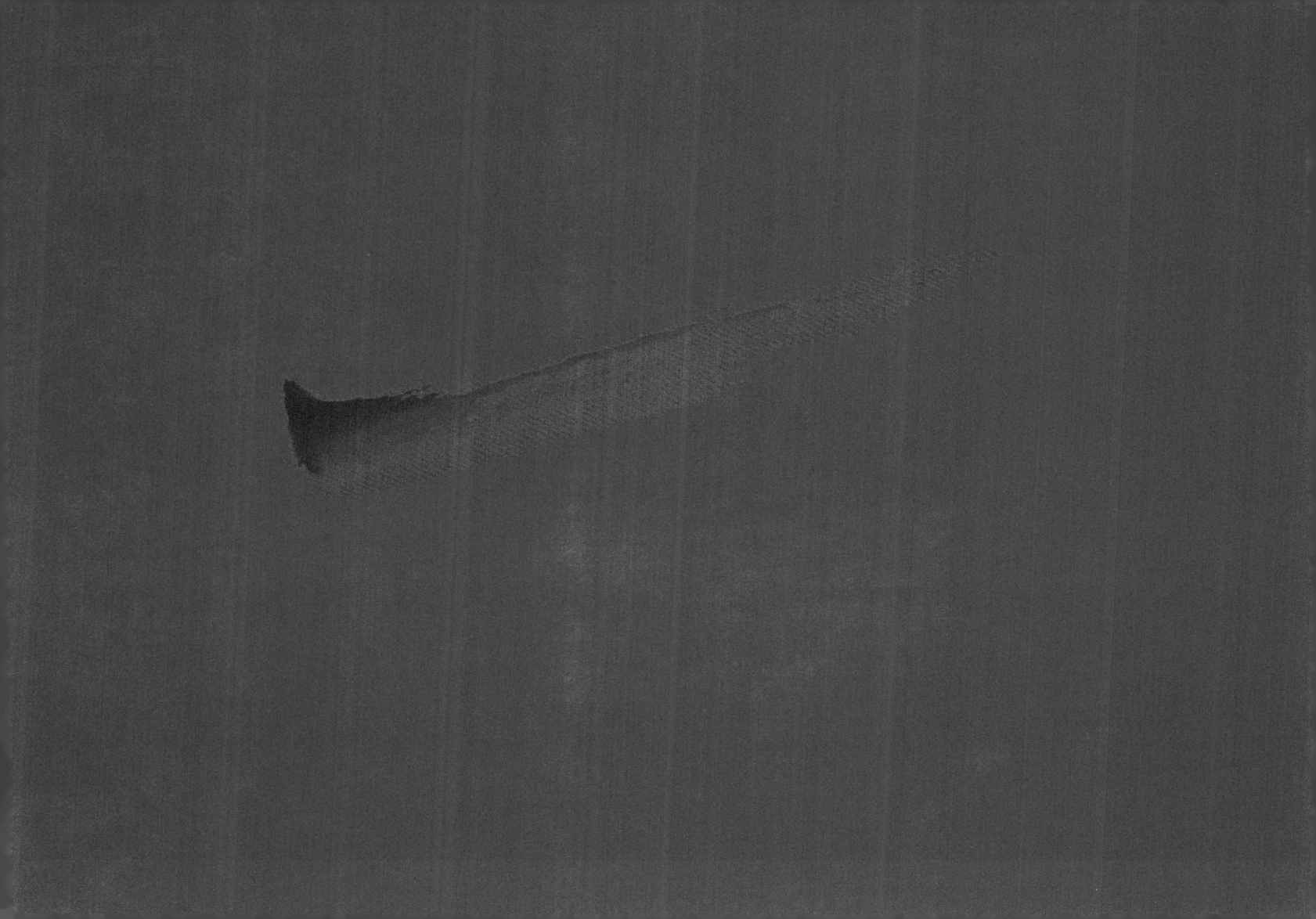

TEMPURÁ

INGREDIENTES
- 3 galhos de couve-flor
- 1 pimentão
- 3 vagens
- 1 cenoura grande
- 1 abobrinha
- 1 berinjela
- 1 batata-doce
- 3 camarões rosa (grandes) limpos

COMO CORTAR
- Retire as sementes do pimentão e da berinjela e corte-os em cubos grandes. Corte a abobrinha em rodelas grossas na diagonal e as vagens ao meio.
- No tempurá de legumes como cenoura e batata doce, só o miolo é utilizado. Corte as laterais para deixá-los em formato retangular e fatie.
- Limpe as costas do camarão com a faca. Na barriga do camarão, faça cortes na diagonal ao longo do corpo. Aperte o camarão para que ele se "alongue" um pouco.

Massa
- 1 ovo
- 1/2 litro de água
- 300 g de farinha de trigo

Para fritar
- 1 1/2 litro de óleo

MODO DE PREPARO
- Bata o ovo e adicione a água.
- Mexa e coloque a farinha aos poucos. Bata levemente. A massa não deve ficar totalmente lisa, pois quanto mais grossa, mais crocante fica. O ponto ideal da massa é quando ela estiver escorrendo e pingando dos dedos.
- Passe todos os ingredientes na farinha de trigo e mergulhe na massa.
- Retire e leve direto para o óleo a 170 graus. Se o tempurá subir rapidamente, está no ponto.
- Frite apenas alguns itens de cada vez e limpe o óleo a cada fritura.

Molho
- shoyu
- dashi (caldo de peixe)
- saquê-mirin
- aji-no-moto
- nabo e gengibre ralados
- Misture quatros medidas de dashi para uma de shoyu e uma de saquê-mirin. Coloque uma pitada de aji-no-moto e os condimentos. Leve ao fogo até ferver.

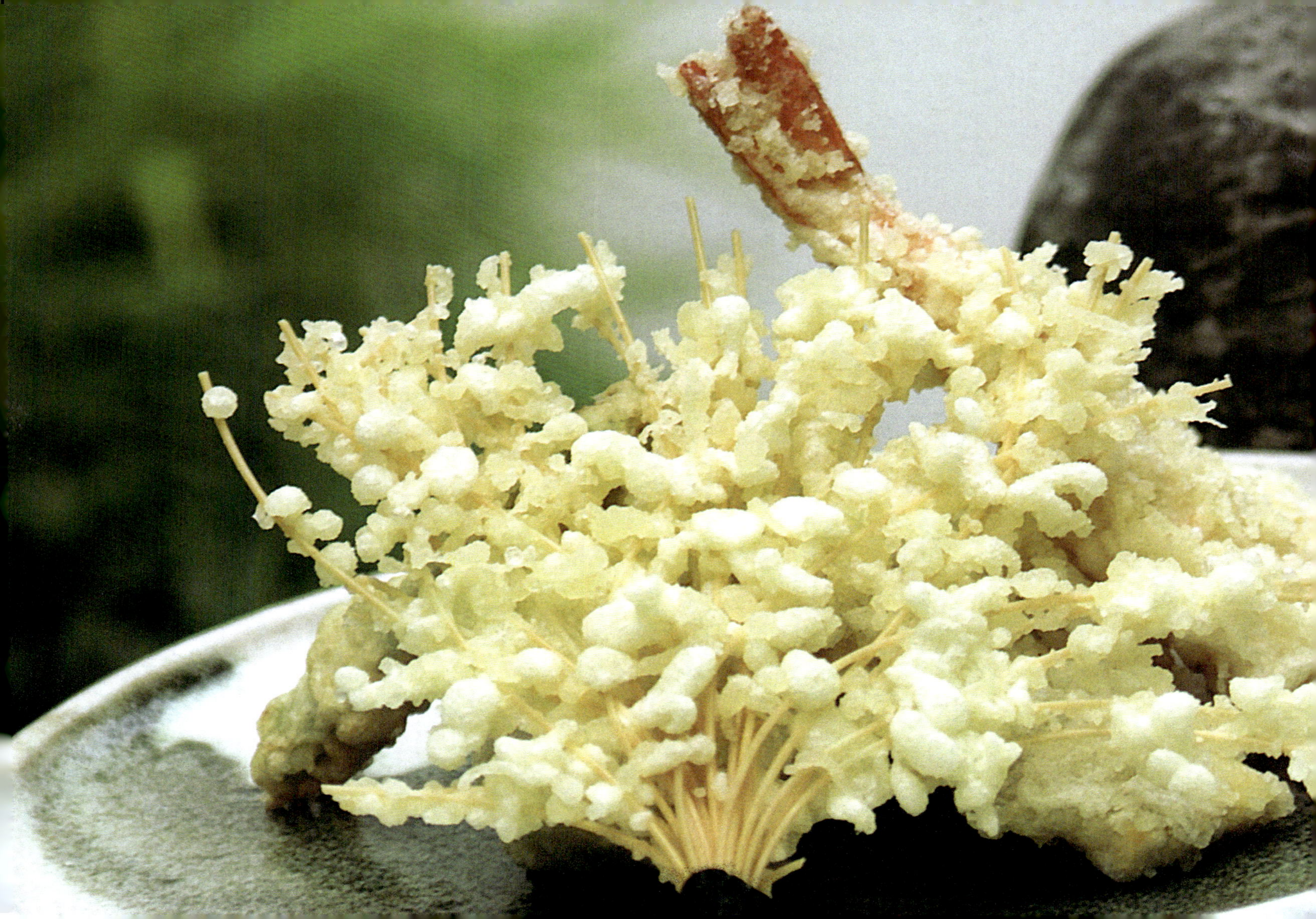

YAKISOBA

INGREDIENTES
(porção para 1 pessoa)
- 200 g de macarrão semipronto para yakisoba
- 1 folha de acelga
- 1 folha de repolho
- 2 talos de couve-flor
- 1 pimentão
- moyashi (broto de feijão)
- 2 talos de brócolis
- 15 a 20 g de carne (a escolha)
- 1/2 xícara (café) de óleo para fritar o macarrão

Molho
- 1 colher (chá) de açúcar
- 3 colheres (sopa) de saquê seco
- 3 colheres (sopa) de shoyu
- 1 colher (café) de hondashi
- 1 colher (café) de aji-no-moto
- sal e óleo de gergelim a gosto
- amido de milho para engrossar
- 2 copos de água
- 3 colheres (sopa) de óleo para fazer o molho

MODO DE PREPARO
- Frite o macarrão e reserve. Não é necessário cozinhá-lo.
- Coloque o óleo numa frigideira e refogue a carne e os legumes.
- Acrescente açúcar, aji-no-moto, shoyu, saquê, hondashi, sal e óleo de gergelim.
- Quando os legumes começarem a murchar, acrescente a água e o amido em seguida, para engrossar o molho.
- Coloque o molho com os legumes sobre o macarrão e sirva.

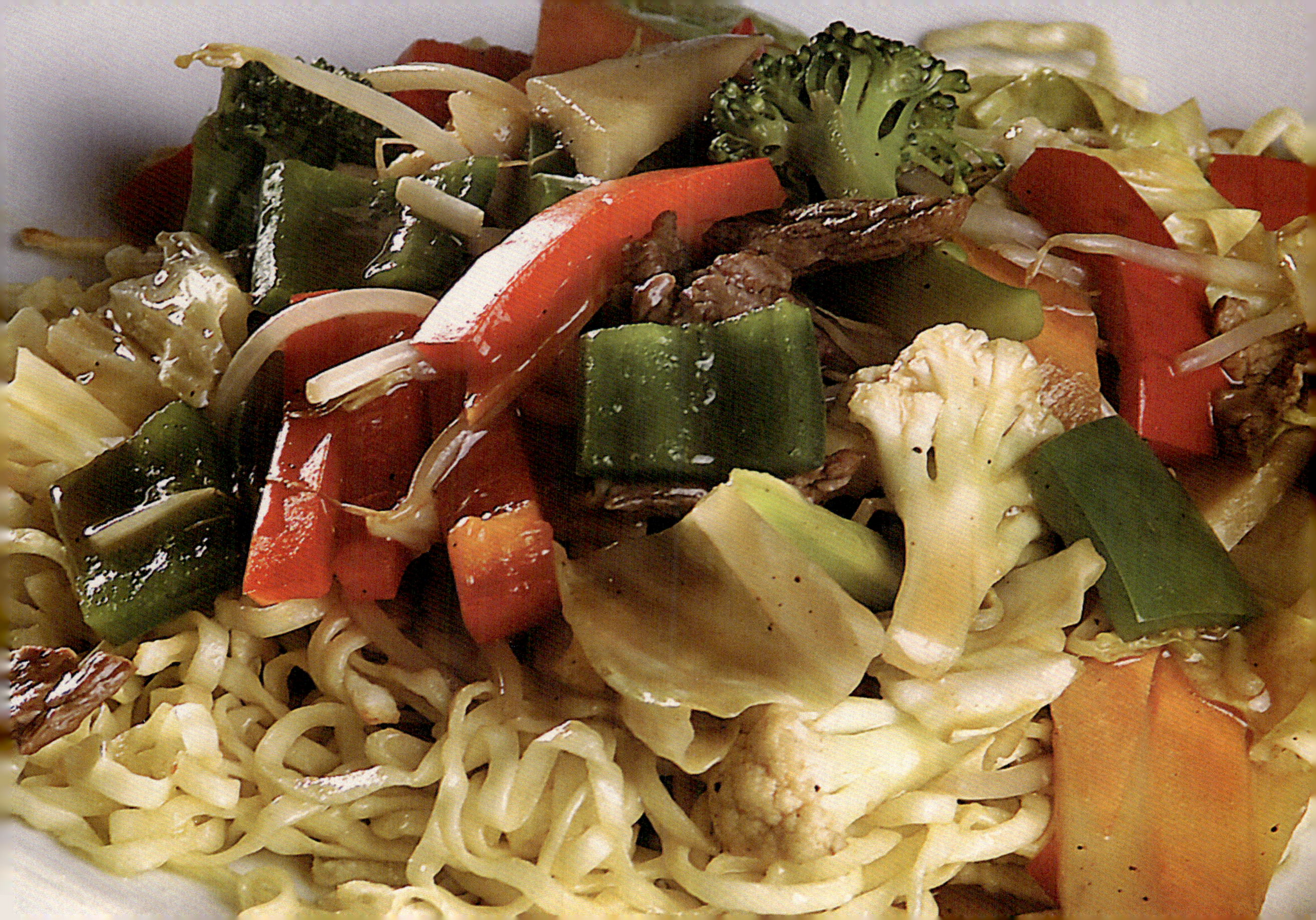

SUKIYAKI

INGREDIENTES
(porção para 2 pessoas)
- 1 colher (sopa) de manteiga
- 1/4 de acelga
- 2 cebolas
- 1/3 de tofu tipo caseiro
- 100 g de ito konyaku (shirataki)
- 8 shiitakes médios
- 100 g de shimeji
- 200 g de moyashi
- 2 talos de cebolão
- 4 ramos de espinafre
- 4 ramos de agrião
- 300 g de contra-filé
- 2 ovos
- 100 g de udon cozido

Molho
- 250 ml de saquê-mirin (licoroso)
- 250 ml de saquê para cozinha
- 150 ml de shoyu
- 150 g de açúcar
- Coloque o saquê e o saquê-mirin numa panela e leve ao fogo até ferver.
- Coloque para flambar.
- Misture o açúcar e o shoyu e deixe ferver novamente.

MODO DE PREPARO
- Prepare todos os ingredientes. Lave e corte as verduras e o tofu com cerca de 5 cm de largura. Coloque-os em uma travessa grande e reserve.
- Derreta a manteiga na panela (aderente ou frigideira grande normal) em fogo médio.
- Coloque a carne para grelhar até dourar.
- Acrescente o cebolão e, em seguida, o shiitake, que dá um tempero especial à carne.
- Coloque a acelga, o shimeji, o tofu, a cebola, o espinafre, o agrião, o ito konyaku e o moyashi.
- Jogue o molho à base de shoyu (300 ml em média).
- Feche a panela, deixando cozinhar por cerca de 2 min. até que as verduras murchem.
- O sukiyaki está pronto. Uma opção é servir com ovo batido numa tigela (uma para cada pessoa), para mergulhar os ingredientes.

Dica
Embora seja estranho para o paladar ocidental, o sukiyaki típico leva ovo cru na hora da degustação. O ovo é batido e colocado no tchawan. Antes de saborear o sukiyaki, cada ingrediente é mergulhado no ovo

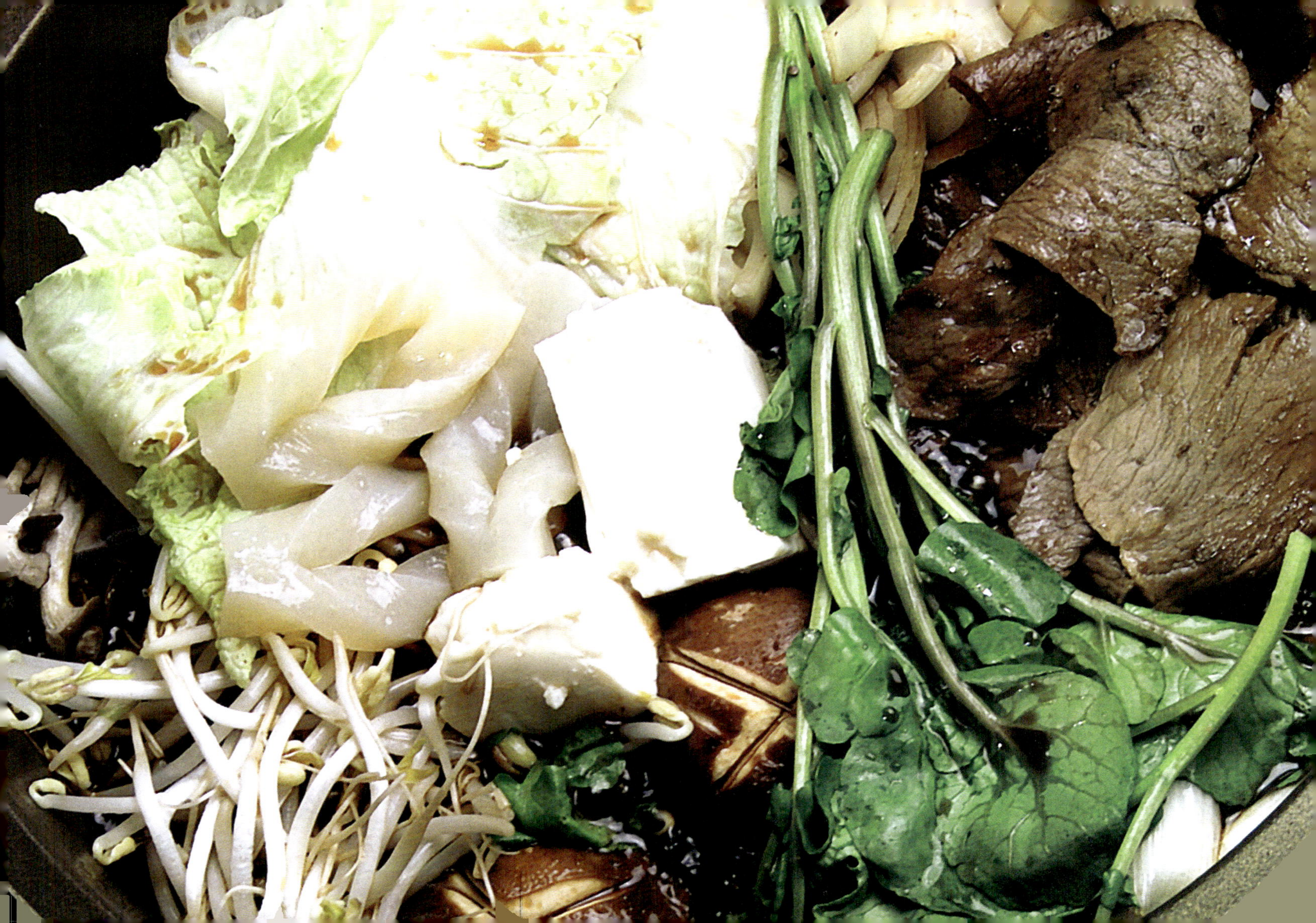

ZARUSOBA

INGREDIENTES
(porção para 1 pessoa)
- 2 porções de macarrão oriental macrobiótico soba, feito de trigo sarraceno, cozidas e frias
- 1 porção de cebolinha picada
- wasabi
- nori (alga) em tirinhas

MODO DE PREPARO
- Lave a massa em água fria, esfregando-a para tirar bem a goma.
- Sobre o macarrão já frio, acrescente a alga picadinha.
- Coloque um pouco de cebolinha no molho de peixe e acrescente wasabi a gosto. Mexa o molho com o hashi.

Molho à base de peixe
- 1 copo (americano) de água
- 1 colher (sopa) de shoyu
- 1 colher (café) de hondashi
- 1 colher (café) de aji-no-moto
- sal para corrigir
- Misture os ingredientes e leve ao fogo até ferver.
- Deixe esfriar para servir com o macarrão.

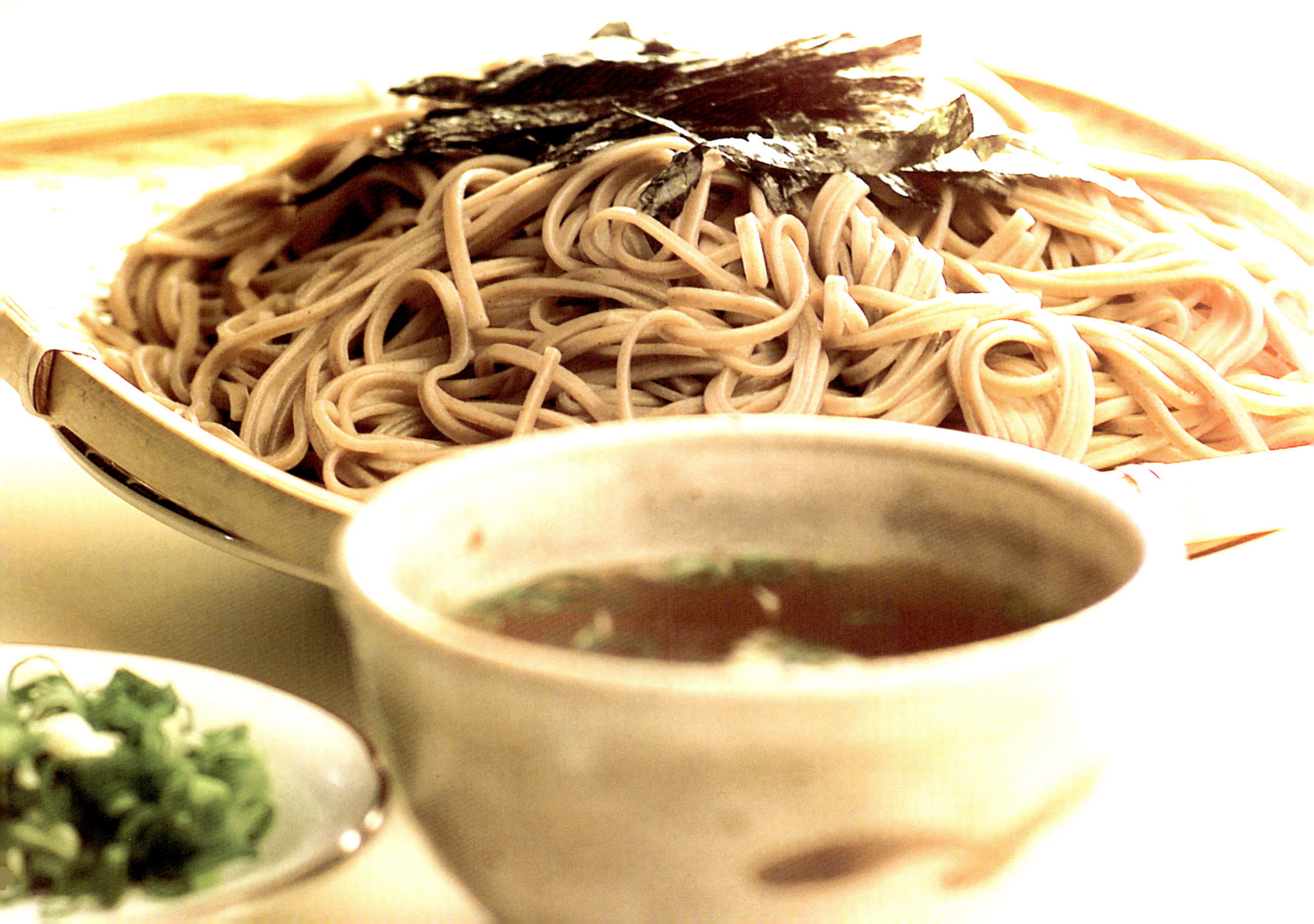

TEPPANYAKI

INGREDIENTES
(porção para 1 pessoa)
- 2 camarões rosa grandes (tipo pistola) limpos e pré-cozidos
- 60 g de polvo em fatias grossas e pré-cozidas
- 60 g de vieiras limpas
- 60 g de lula em anéis grossos e pré-cozidos
- 1 colher (sopa) de manteiga
- 1/2 cenoura em tiras pequenas
- 1/4 de cebola em rodelas
- 30 g de brócolis em galhos
- aji-sal
- hondashi
- 1 a 2 colheres (sopa) de saquê-mirin
- óleo

MODO DE PREPARO
- Tempere o camarão, o polvo e a lula com hondashi e aji-sal.
- Tempere a vieira com aji-sal, alho e hondashi.
- Passe manteiga na chapa (ou frigideira).
- Comece a grelhar os três frutos do mar. Primeiro o camarão, aberto pelas costas, depois o polvo e a lula. Tampe para que cozinhem bem.
- Separadamente, refogue a vieira em alho e óleo. Tampe.
- Enquanto os demais ingredientes cozinham, refogue os vegetais com alho, óleo e aji-sal em outra frigideira. Cuidado para que os outros alimentos não passem do ponto.
- Antes de retirar os frutos do mar da chapa, jogue um pouco de saquê sobre os alimentos para que adquiram um sabor especial.
- Disponha-os em um prato aquecido para que conserve a temperatura dos alimentos como se fosse servido na chapa de ferro. Pode ser acompanhado de arroz branco e missoshiru.

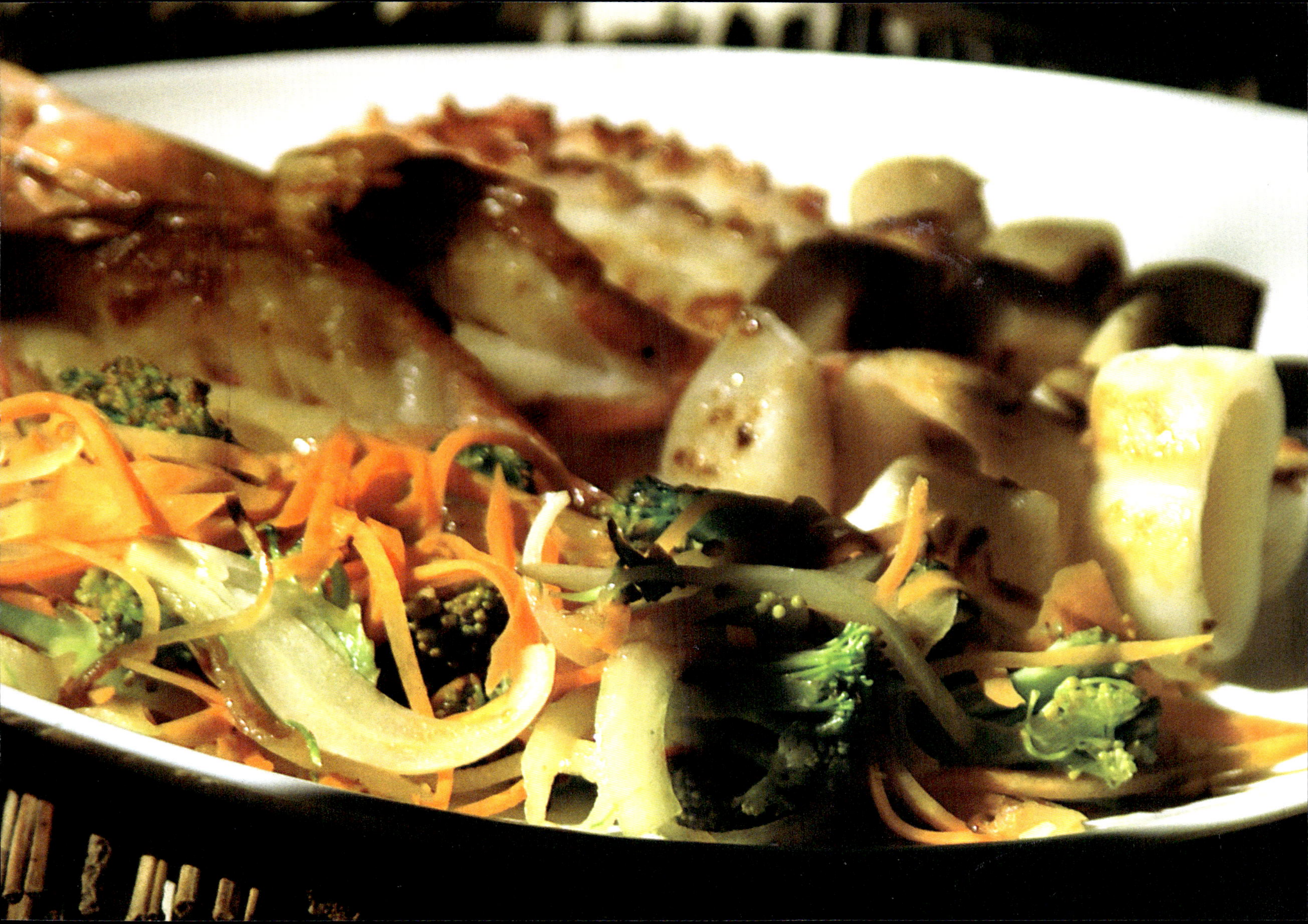

OSTRAS GRATINADAS

INGREDIENTES
(porção para 1 pessoa)
- 6 ostras
- 1/2 cebola picada
- 50 g de queijo gorgonzola
- 50 g de queijo parmesão
- 50 g de requeijão
- queijo ralado
- 1/2 lata de creme de leite

MODO DE PREPARO
- Faça primeiro o molho quatro queijos. Em uma panela, frite a cebola na manteiga.
- Adicione o queijo gorgonzola e derreta-o.
- Acrescente o parmesão, o requeijão e o creme de leite.
- Misture até ficar um creme homogêneo.
- Retire do fogo assim que ferver.
- Abra as ostras e cubra-as com o molho.
- Polvilhe queijo ralado sobre cada uma.
- Leve ao forno a 150 graus por 5 minutos.

Para abrir as ostras
- Lave as ostras com água.
- Segure-as com um pano para não escapar.
- Introduza um abridor de ostra (ou uma faca comum) na abertura menor da concha.
- Corte o nervo lateral da ostra e, com a ajuda de um abridor, retire a tampa.

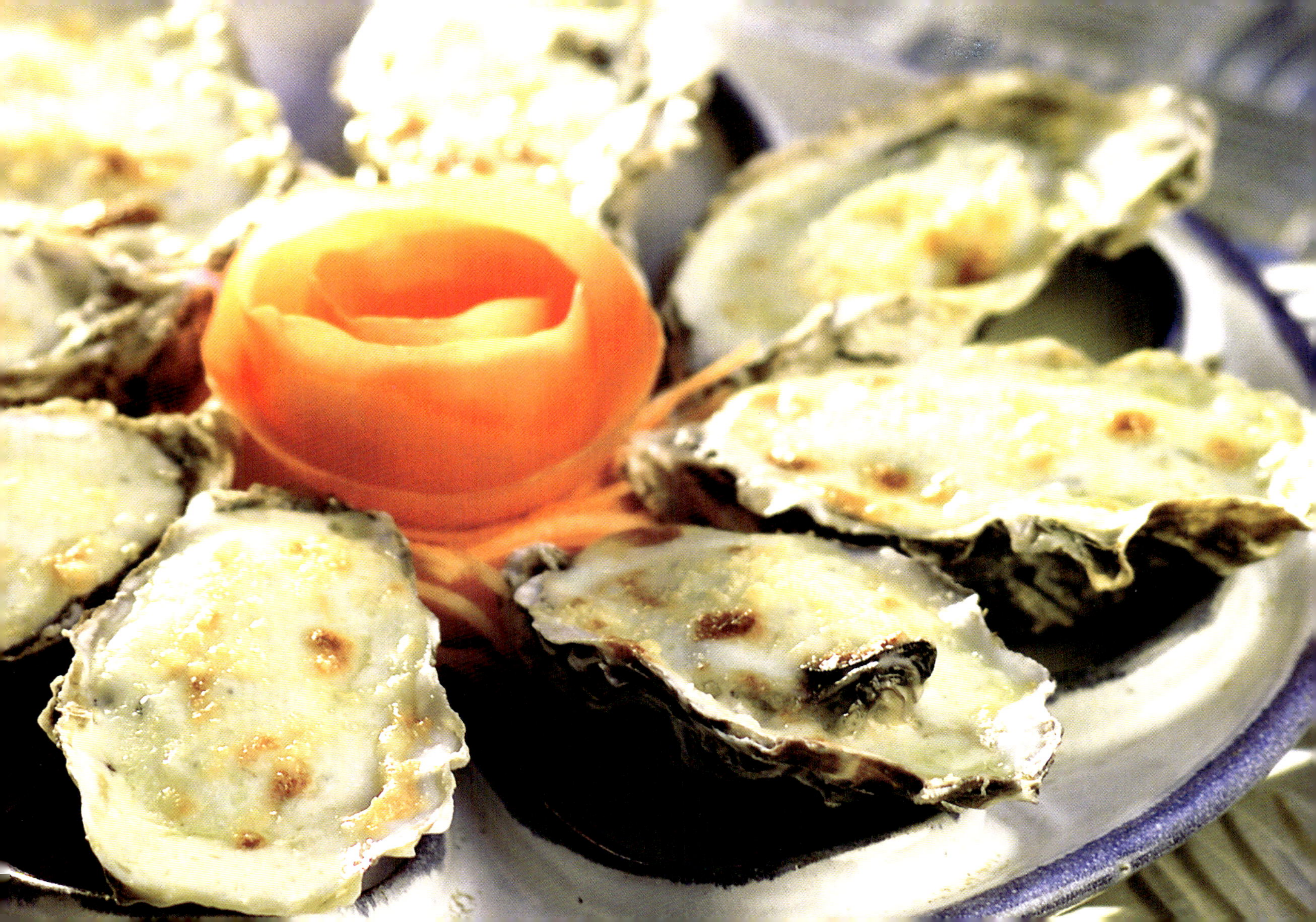

SOBREMESAS

A sobremesa foi um hábito importado dos ocidentais.

Até a palavra sobremesa (desato) acabou sendo traduzida do inglês (dessert).

Sorte nossa! Foi um casamento perfeito.

Os chefes de cozinha japoneses deixaram de fazer somente doces de feijão

e servir frutas da época para criar sobremesas cada vez mais abusadas,

que misturam o tradicional aos requintes da culinária europeia.

O resultado não poderia ter sido melhor:

a delicadeza e a ousadia aliadas em uma só receita.

FRUSHI

INGREDIENTES

Para o sashimi de frutas
- 1 fatia de melancia
- 1 fatia de melão
- 1 fatia de melão orange

Para o sushi de frutas
- 1 banana
- 1 folha de nori (alga marinha)
- farinha de rosca
- massa de tempurá

Para o creme de maçã
- 2 maçãs
- 1 colher (sopa) de manteiga
- 1 1/2 colher (sopa) de açúcar
- 200 ml de leite
- 1 colher (sobremesa) de canela

Para decorar o prato
- folhas de hortelã
- 100 g de fios de ovos
- calda de laranja
- calda de morango

MODO DE PREPARO

Sashimi
- Corte os melões e a melancia em fatias retangulares com cerca de 0,5 cm de espessura e 5 cm de comprimento. Mas, em vez de incliná-la (como se faz quando se cortam os filés de peixes), mantenha a faca posicionada em 90 graus.
- Faça cinco "filés" de cada fruta, para montar o prato.

Sushi
- Coloque uma folha de nori sobre a esteira (makisu).
- Em vez do arroz, corte fatias bem finas de banana para cobrir o nori. Deixe 1 cm de espessura nas bordas.
- O recheio será o creme de maçã. Passe uma camada do creme sobre as bananas fatiadas.
- Enrole o nori, fazendo uma pequena pressão para que fique firme.
- Passe o enrolado na massa de tempurá e depois na farinha de rosca.
- Mergulhe o enrolado em óleo quente, durante um minuto, até dourar a casca.
- Corte o enrolado em oito pedaços iguais.

Creme de maçã
- Em uma frigideira despeje manteiga, maçã picada, açúcar, leite e canela. Cozinhe tudo em fogo baixo por 15 min. Reserve.

ANMITSU

INGREDIENTES
(porção para 1 pessoa)
- sorvete e salada de frutas

Anko
- 1/2 quilo de feijão azuki
- 5 a 6 colheres (sopa) de açúcar
- 1 pitada de sal
- 1 litro de água

Kanten
- 10 g de gelatina de alga em pó
- 2 1/2 copos (americano) de água fria

MODO DE PREPARO
- Prepare o anko um dia antes. Coloque o azuki e a água em uma panela e deixe cozinhar. Quando a água começar a secar, acrescente mais água quente até que o feijão amoleça.
- Acrescente o açúcar e o sal e mexa. Se for necessário, coloque mais água quente. Vá mexendo até que o feijão desgrude da panela. O processo todo demora cerca de uma hora.

Kanten
- Coloque a gelatina e a água em uma panela e cozinhe até que levante fervura e fique cremosa.
- Coloque a gelatina em um recipiente, de preferência, quadrado, para facilitar o corte. Não precisa levar à geladeira.
- Depois de fria, corte a gelatina em cubinhos.

MONTAGEM
- Coloque uma bola de anko e uma de sorvete em uma taça. Acrescente a salada de frutas e o kanten ao redor.

TEMPURÁ DE SORVETE

INGREDIENTES
(porção para 1 pessoa)
- 1 bola de sorvete de gengibre (pode ser substituído por sorvete de creme)
- 2 fatias finas (de 0,5 cm) de bolo de laranja ou abacaxi comprado pronto. As fatias devem ser cortadas ao longo do comprimento
- 1 folha de papel alumínio de 20x20cm
- 1 xícara (chá) de farinha de trigo
- 1 ovo
- 1 1/2 xícara (chá) de água gelada
- 1 xícara (chá) de cereal matinal de milho
- calda de caramelo e folhas de hortelã para decorar

MODO DE PREPARO
- Coloque uma das fatias de bolo sobre o papel alumínio. Espalhe o sorvete com a mão sobre o bolo.
- Cubra o sorvete com a outra fatia, fazendo um "sanduíche". Enrole-o no papel alumínio. Leve ao freezer para congelar.
- Prepare a massa para tempurá misturando o ovo, a farinha de trigo e a água gelada. Misture bem para deixar uma massa fina.
- Amasse os flocos de cereais.
- Retire o sanduíche do freezer. Passe-o na massa de tempurá e depois nos cereais, cobrindo por igual. Frite rapidamente no óleo bem quente. Cuidado para que a massa não fique cheia de óleo.
- Corte-o em quatro partes. Decore com calda de caramelo e folhas de hortelã.